Ökumenische Bibelwoche 2017/2018
Teilnehmerheft

Zwischen dir und mir

Zugänge zum Hohelied der Liebe

neukirchener verlag

MIX
Papier aus verantwortungsvollen Quellen
FSC
www.fsc.org
FSC® C004599

Zur 80. Bibelwoche 2017/2018
herausgegeben von der Arbeitsgemeinschaft Missionarischer Dienste in der EKD, der Deutschen Bibelgesellschaft und dem Katholischen Bibelwerk e.V., Stuttgart.

Bibliografische Information der Deutschen Nationalbibliothek
Die Deutsche Nationalbibliothek verzeichnet diese Publikation in der Deutschen Nationalbibliografie; detaillierte bibliografische Daten sind im Internet über http://dnb.d-nb.de abrufbar.

Umschlaggestaltung: Grafikbüro Sonnhüter, www.sonnhueter.com
unter Verwendung eines Bildes von Karl-Ludwig Lange: ohne Titel, 2016, Kohlezeichnung auf Papier, 50 x 35 cm
Lektorat: Nicole Rupschus, Berlin
DTP: Grafikbüro Sonnhüter, www.sonnhueter.com
Verwendete Schriften: Clan, Swift
Gesamtherstellung: Werbedruck Schreckhase, Spangenberg
Printed in Germany
ISBN 978-3-7615-6415-8

www.neukirchener-verlage.de

Inhalt

Zwischen dir und mir – das Hohelied Salomos

Einfach schön! Ja, so kann die Lektüre der Bibel auch sein: Diese Bibelwoche lädt dazu ein, in Liebesliedern zu schwelgen und dabei auch die Beziehung zu Gott mal ganz romantisch zu erleben. Das Hohelied Salomos (so nannte Martin Luther dieses poetische Buch) beschreibt mit wunderschönen Bildern und Metaphern die Liebe als Schlüssel zum Herzen von Menschen und von Gott.

Das Hohelied gehört zu den späten Schriften der Bibel (im 3. Jh. v.Chr. fertiggestellt) und kann auf die ganze wechselvolle Geschichte Israels zurückblicken, auf all die Höhen und Tiefen in den Beziehungen zwischen Menschen und auf die wechselvollen Beziehungen zu Gott. Umso erstaunlicher, dass als Fokus und Resümee die Liebe stehen bleibt. Sie ist allen dunklen Wirklichkeiten zum Trotz letztlich das, was uns leben lässt. Sie macht das Leben reich und bewegt Menschen. Dabei zeigt eine intensive Betrachtung der Lieder, wie viele Dimensionen „Liebe“ hat: Sie ist erotisches Hingezogensein ebenso wie verwirrte Suche, abgrundtiefes Glück und auch Erschrecken, verschmitzte Heimlichkeit und offenes Bekenntnis. Immer fließen verschiedene Ebenen ineinander: die zwischenmenschliche und die göttliche. All die Bilder lassen sich so auf doppelte Weise verstehen. Der vordergründigen Wirklichkeit, die zwei Liebende auf ihrem Weg begleitet, steht eine symbolische Dimension gegenüber, die Gottes Wirklichkeit erschließt. Darum gibt es auch unzählige Schriften, Gemälde und Musikstücke, die einzelne Szenen aus dem Hohelied metaphorisch auf die Kirche, Christus und Maria beziehen.

Als neutestamentliche Fortführung haben wir das „Hohelied der Liebe“ aus dem 1. Brief des Paulus an die Korinther in die Textreihe aufgenommen. Der Apostel bestätigt die Erfahrung: Die Liebe ist das Größte, sie hört niemals auf.

Ich wünsche Ihnen viel Freude beim Entdecken dieser göttlichen Dimension mitten im Leben!

Wolfgang Baur

1. Süßer als Wein – Stark wie der Tod

Hld 1,2-4 6,8-10 8,6-7

1,2-4

2 Mit Küssen seines Mundes küsse er mich.
Süßer als Wein ist deine Liebe.
3 Köstlich ist der Duft deiner Salben,
dein Name hingegossenes Salböl;
darum lieben dich die jungen Frauen.
4 Zieh mich her hinter dir! Lass uns eilen!
Der König führt mich in seine Gemächer.
Jauchzen lasst uns, deiner uns freuen,
deine Liebe höher rühmen als Wein.
Dich liebt man zu Recht.

6,8-10

8 Sechzig Königinnen sind es, achtzig Nebenfrauen
und junge Frauen ohne Zahl,
9 doch einzig ist meine Taube, meine Makellose,
die Einzige ihrer Mutter, strahlend rein für jene, die sie gebar.
Töchter sehen sie und preisen sie glücklich,
Königinnen und Nebenfrauen rühmen sie.
10 Wer ist, die da erscheint wie das Morgenrot,
wie der Mond so schön, strahlend rein wie die Sonne,
furchterregend wie Heerscharen?

8,6-7

6 Leg mich wie ein Siegel auf dein Herz,
wie ein Siegel auf deinen Arm,
denn stark wie der Tod ist die Liebe,
die Leidenschaft ist hart wie die Unterwelt!
Ihre Gluten sind Feuergluten, gewaltige Flammen.
7 Mächtige Wasser können die Liebe nicht löschen,
auch Ströme schwemmen sie nicht hinweg.
Böte einer für die Liebe den ganzen Reichtum
seines Hauses, nur verachten würde man ihn.

Texthinweise

→ **Die liebenden Personen** sind nicht eindeutig: Man kann an König Salomo denken (1,4), aber auch an einfache Hirten ohne Reichtum (8,7) oder an ein Brautpaar kurz vor der Hochzeit (Kap. 3).

- **Küsse des Mundes** (1,2): Im Hebräischen enthält der Anfang viele „sch"-Laute, so werden die Küsse lautmalerisch beschrieben. Bernhard von Clairvaux sieht darin die Sehnsucht der liebenden Seele nach Gott.
- Für das Volk Israel bedeutet das **Hinterherziehen** (1,4), dass Gott sein Volk aus der Not zieht (Exodus, Babylonisches Exil ...), hin zu einem schönen Ort.
- **Salomos Reichtum** (6,8) wird in 1Kön 11 auch mit der Vielzahl seiner Frauen beschrieben.
- **Die Eine** (6,9), Besondere hat ihr Spiegelbild in der Einzigartigkeit Gottes, wie es Israels Glaubensbekenntnis spricht: „Einer ist unser Gott" (Dtn 6,4). Das Preisen ist dasselbe Wort (hebr. hallel), das im Preis Gottes erklingt (Halleluja).
- **In Himmelsbildern wird die Frau „vergöttert"** (6,10) und damit in die Nähe Gottes gerückt. Bildkunst und Lieder haben diese Motive später zur Beschreibung der liebenden Gottesnähe Marias verwendet.
- **Siegel** (8,6) waren kleine bearbeitete Steinplättchen, die man als Zeichen der Verbundenheit mit einem anderen Menschen am Finger (Ring), Arm oder um den Hals trug. Juden tragen beim Gebet in kleinen Kästchen mit Riemen Worte der Tora an Kopf, Herz und Arm als Zeichen der Nähe zu Gott.

Textbeobachtung

- Aus welcher Perspektive (Mann oder Frau) sind die Abschnitte gesprochen? (Hinweis: das „dein" in 8,6 ist im Hebräischen männlich.)
- Welche Bilder „sehen" Sie beim Lesen der Texte?
- Liebe ist nicht einfach nur schön und keinesfalls harmlos: Suchen Sie nach Bildern für die Macht und Spannung, die durch Liebe entsteht.
- Welche der Bilder können als Ausdruck rein menschlicher Liebe verstanden werden?
- Welche Bilder enthalten darüber hinaus weitere mögliche Bedeutungsebenen, aufgrund derer sie in die Reihe der biblischen Bücher aufgenommen wurden?

(Die Texthinweise oben enthalten nur einen kleinen Teil dieser Vielfalt.)

Zum Bild

- Lesen Sie aus der Perspektive des Mannes oder der Frau einzelne Verse aus dem Hohelied.
- Welche Bewegungen sind erkennbar?

Karl-Ludwig Lange: ohne Titel, 2016, Kohlezeichnung auf Papier, 50 x 35 cm

Zur Meditation

Gott ist verrückt vor Liebe, und daher ist sein Benehmen nicht vorhersehbar. Und auch der Mensch, nach seinem Ebenbild geschaffen, ist nichts als die Liebe. Im gleichen Augenblick, in dem der Mensch zu einem vernunftbegabten Leben erwacht, merkt er, dass sein ganzes Leben nichts als Wunsch, Leidenschaft, Hunger und Durst nach Liebe ist.
Gottes und unsere Liebe ist gleich. Sie bedrängt uns wie ein Durst, den wir nie stillen können. Gott braucht den Menschen nicht, um glücklich zu sein, und doch liebt er ihn so, als ob er ohne ihn ewig unglücklich wäre.

Ernesto Cardenal, Das Buch von der Liebe, Peter Hammer Verlag, Wuppertal 1971, Neuausgabe 2004.

Persönliche Beobachtungen

2. Reicher als Salomo

Hld 1,1 8,11-12 3,7-11

1,1
Das Hohelied Salomos.

8,11-12
11 Salomo besaß einen Weinberg in Baal-Hamon;
den Weinberg übergab er Hütern.
Für seine Frucht wird jeder tausend Silberstücke bezahlen.
12 Mein eigener Weinberg liegt vor mir.
Die tausend lass ich dir, Salomo, und zweihundert
noch denen, die seine Frucht hüten.

3,7-11
7 Sieh da, Salomos Sänfte!
Sechzig Helden geleiten sie von Israels Helden,
8 alle vertraut mit dem Schwert,
geschult für den Kampf.
Jeder trägt sein Schwert an der Hüfte
gegen die Schrecken der Nacht.
9 Einen Tragsessel ließ sich König Salomo
zimmern aus Holz vom Libanon.
10 Seine Pfosten hat er aus Silber gemacht,
seine Lehne aus Gold, seinen Sitz aus Purpur,
sein Inneres ausgekleidet mit Liebe
von den Töchtern Jerusalems.
11 Kommt heraus und schaut, ihr Töchter
Zions, König Salomo mit der Krone!
Damit hat ihn seine Mutter gekrönt am Tag
seiner Hochzeit, am Tag seiner Herzensfreude.

Texthinweise

- → **Salomo** (1,1): Keine Verfasserangabe, sondern der Hinweis, dass das Buch „auf Salomo bezogen" ist. Die Bilder aus der Lebenswelt des legendären Königs dienen als Illustrationen im Hohelied.
- → **Baal-Hamon** (8,11): Der symbolische Ortsname „Herr des Getümmels" ist eine interessante Parallele zu Abraham: „Vater der Menge". Hier geht es nicht um die Menge des Volkes, sondern um den Reichtum.

- **Weinberg** (8,11f.): Bild für einen sehr wertvollen Besitz, den Gott dem Menschen anvertraut hat. Jes 5 beschreibt, wie der Weinberg vernachlässigt wird, 1Kön 21 den Raub eines Weinbergs (beide Male mit schweren Folgen). Jes 7,23 beschreibt einen Weinberg mit 1.000 Weinstöcken, von denen jeder 1 Silberstück wert ist. Im Gericht Gottes geht dieser Weinberg unter.
- **1.000** (8,11f.): Unermessliche, von Gott gegebene Fülle (s. Offb 20: die vollendete Gottesherrschaft, Tausendjähriges Reich).
- **Königshochzeit?** (3,7-11): Manche deuten den Abschnitt als „Hochzeit" zwischen den Geliebten des Hoheliedes, die dabei königlich beschrieben werden. Andere sehen im Sinn von prophetischen Texten die „Hochzeit zwischen Gott und Israel" angedeutet (allegorisch).
- **60 Helden, Schrecken der Nacht** (3,7): Bedrohung des reichen Königs durch Dämonen? Anspielung auf den Exodus aus Ägypten? Karikatur eines ängstlichen Königs (David hatte nur 30 Bodyguards)?

Textbeobachtung

- Lesen Sie den Text nach dem „vierfachen Schriftsinn":
- Literalsinn: Was beschreibt der Text, wenn Sie ihn einfach wörtlich lesen? Beobachten Sie die Kontraste zwischen der Beschreibung der einfachen Liebe in 8,12 und der Salomos in 3,7-11.
- Allegorischer Sinn: Ersetzen Sie die Bilder „Weinberg", „Ich", „Salomo", „Helden", „Töchter Jerusalems" zuerst durch Rollen aus der Geschichte Israels (Volk Israel, König, glaubende Israeliten, Gerechte ...). Welche Aussagen enthält der Text nun?
- Ersetzen Sie die Bilder durch Rollen aus der Kirche oder Gesellschaft von heute. Wie verändert sich dadurch der Blick auf diese Gemeinschaften?
- Moralischer Sinn: Ersetzen Sie die Bilder durch Elemente Ihrer eigenen Person (Herz, Verstand, Wille, Gefühle ...). Wie verändert sich der Blick auf Ihr Leben und Ihre Person, Ihre Beziehungen zu anderen Menschen, die Welt und zu Gott? Erhalten Sie Impulse, die Ihr Verhalten beeinflussen könnten?
- Anagogischer Sinn: Suchen Sie nach Perspektiven im Text, die Anlass zur Hoffnung geben. Skizzieren Sie ein oder mehrere Symbole, die etwas Schönes, Hoffnungsvolles ausdrücken, das im Text und seiner Übertragung ins Heute und Morgen angedeutet wird.

Karl-Ludwig Lange: ohne Titel, 2016, Kohlezeichnung auf Papier, 29,7 x 21 cm

Zum Bild

Lieben hat im Hebräischen mit dem Wort „erkennen“ zu tun.

→ Welchen „Schatz“ erkenne ich in einem geliebten Menschen?

→ Inwiefern lässt mich die Liebe mich selbst, einen anderen Menschen und die Welt mit anderen Augen sehen?

Zur Meditation

Ich habe den MENSCHEN gesehn in seiner tiefsten Gestalt,
ich kenne die Welt bis auf den Grundgehalt.

Ich weiß, dass Liebe, Liebe ihr tiefster Sinn,
und dass ich da, um immer mehr zu lieben, bin.

Ich breite die Arme aus, wie ER getan,
ich möchte die ganze Welt, wie ER, umfahn.

Christian Morgenstern, Werke und Briefe, Band II: Lyrik. 1906-1914 (Stuttgarter Ausgabe), Verlag Urachhaus, Stuttgart 1992, 219.

Persönliche Beobachtungen

3. Ich suchte, den meine Seele liebt

Hld 1,5-8 3,1-6 5,2-8

1,5-8

5 Schwarz bin ich, doch schön, ihr Töchter Jerusalems,
wie die Zelte von Kedar, wie Salomos Decken.
6 Schaut mich nicht so an, weil ich so schwarz bin! Die Sonne hat mich verbrannt.
Meiner Mutter Söhne waren mir böse, ließen mich Weinberge hüten;
meinen eigenen Weinberg habe ich nicht gehütet.
7 Du, den meine Seele liebt, sag mir: Wo weidest du die Herde?
Wo lagerst du am Mittag?
Wozu soll ich wie eine Verhüllte sein bei den Herden deiner Gefährten?
8 Wenn du das nicht weißt, du schönste der Frauen,
dann folge den Spuren der Schafe,
dann weide deine Zicklein dort, wo die Hirten lagern!

3,1-6

1 Des Nachts auf meinem Lager suchte ich ihn, den meine Seele liebt.
Ich suchte ihn und fand ihn nicht.
2 Aufstehen will ich, die Stadt durchstreifen, die Gassen und Plätze,
ihn suchen, den meine Seele liebt.
Ich suchte ihn und fand ihn nicht.
3 Mich fanden die Wächter bei ihrer Runde durch die Stadt.
Habt ihr ihn gesehen, den meine Seele liebt?
4 Kaum war ich an ihnen vorüber, fand ich ihn, den meine Seele liebt.
Ich packte ihn, ließ ihn nicht mehr los,
bis ich ihn ins Haus meiner Mutter brachte, in die Kammer derer, die mich geboren hat.
5 Bei den Gazellen und Hinden der Flur beschwöre ich euch, Jerusalems Töchter:
Stört die Liebe nicht auf, weckt sie nicht, bis es ihr selbst gefällt!
6 Wer ist sie, die heraufsteigt aus der Wüste in Säulen von Rauch,
umwölkt von Myrrhe und Weihrauch, von allen Wohlgerüchen des Händlers?

5,2-8

2 Ich schlief, doch mein Herz war wach. Horch, mein Geliebter klopft:
Öffne mir, meine Schwester, meine Freundin, meine Taube, meine Makellose,
denn mein Haupt ist voll Tau, aus meinen Locken tropft die Nacht!
3 Ich habe mein Kleid schon abgelegt – soll ich es wieder anziehen?
Meine Füße habe ich gewaschen – soll ich sie wieder beschmutzen?
4 Mein Geliebter streckte die Hand durch die Luke;
da bebte mein Herz ihm entgegen.
5 Ich stand auf, meinem Geliebten zu öffnen.
Da tropften meine Hände von Myrrhe, meine Finger von ausfließender Myrrhe
an den Griffen des Riegels.

6 Ich öffnete meinem Geliebten: Doch mein Geliebter war weg, verschwunden.
Meine Seele war außer sich, als er zu mir sprach.
Ich suchte ihn und fand ihn nicht. Ich rief ihn und er antwortete mir nicht.
7 Da fanden mich die Wächter bei ihrer Runde durch die Stadt;
sie schlugen, sie verletzten mich.
Meinen Mantel entrissen sie mir, die Wächter der Mauern.
8 Ich beschwöre euch, Töchter Jerusalems:
Wenn ihr meinen Geliebten findet, was sollt ihr ihm sagen?
Dass ich krank bin vor Liebe!

Vergleichstexte

Spr 8,17

Ich liebe alle, die mich lieben, und wer mich sucht, der wird mich finden.

Lk 15,4-7

4 Wenn einer von euch hundert Schafe hat und eins davon verliert, lässt er
dann nicht die neunundneunzig in der Wüste zurück und geht dem verlo-
renen nach, bis er es findet?
5 Und wenn er es gefunden hat, nimmt er es voll Freude auf die Schultern,
6 und wenn er nach Hause kommt, ruft er die Freunde und Nachbarn zu-
sammen und sagt zu ihnen: Freut euch mit mir, denn ich habe mein Schaf
wiedergefunden, das verloren war!
7 Ich sage euch: Ebenso wird im Himmel mehr Freude herrschen über einen
einzigen Sünder, der umkehrt, als über neunundneunzig Gerechte, die kei-
ne Umkehr nötig haben.

Texthinweise

- **Schwarz** (1,5): gebräunt von der Sonne im Weinberg (es geht nicht um eine Afrikanerin!). Die allegorische Auslegung im Judentum und bei den Kirchenvätern deutet es als Sünde, die aber von Gottes Gnade überwunden wird („schön").
- **Weinberg** (1,6): Realer Weinberg und Sinnbild für den Geliebten, der nicht „gehütet" und plötzlich verschwunden ist. Das „hüten" meint die Schafe im Weinberggelände.
- **Verhüllte** (1,7): Der Schleier wird nur vor dem Partner/Geliebten abgelegt.
- **Hirten** (1,8): Oft war das Schafehüten auch Frauenaufgabe. So können sowohl die Frau als auch ihr Geliebter zu den Hirten gehören.
- **Haus der Mutter** (3,4): Weitergabe des Lebens.
- **Gazellen und Hinden** (3,5): Im Hebräischen klingen in diesen Wörtern Gottesnamen an. Es ist eine Beschwörung: „Im Namen Gottes lasst die Liebenden in Ruhe!"

→ **Zwischen Traum und Wachheit** (5,2): In der Mystik oft als „innere Stimme“ gedeutet.
→ **Tau** (5,2): Wie Regen im AT meist als Segnung von oben verstanden.
→ **Myrrhe** (5,5): Erotischer Duft (vgl. Spr 7,17, wo die Frau das Lager mit Myrrhe besprengt).

Textbeobachtung

→ In den Texten ist mehrfach vom Suchen und Finden die Rede. Beobachten Sie: Wer sucht wen und mit welchem Ziel? Was wird vom gesuchten Menschen erwartet?
→ Suchen Sie im Text nach Worten, in denen Abwesenheit und Festhalten (Packen) beschrieben wird. Darf Liebe „packend“ sein?
→ Suchen Sie nach Bildern, die Grenzen beschreiben. Gehört zur Liebe auch die Erfahrung von Grenzen? Oder deren Überschreitung?
→ Kann die Stimmung des Hoheliedes die Such-Texte in Spr 8 und Lk 15 begründen? Welche Beziehung zwischen Gott und Menschen wird beschrieben? Können und möchten Sie sich auf so eine Beziehung einlassen?
→ Inwiefern lassen sich die Texte des Hoheliedes auf Erfahrungen in der Gottesbeziehung übertragen (Abwesenheit, Suche, Grenzenüberschreiten, Finden)?

Zur Meditation

Alles beginnt mit der Sehnsucht
immer ist im Herzen Raum für mehr,
für Schöneres, für Größeres.
Das ist des Menschen Größe und Not:
Sehnsucht nach Stille,
nach Freundschaft und Liebe.
Und wo Sehnsucht sich erfüllt,
dort bricht sie noch stärker auf.
Fing nicht auch
Deine Menschwerdung, Gott,
mit dieser Sehnsucht
nach dem Menschen an?
So lass nun unsere Sehnsucht
damit anfangen, Dich zu suchen,
und lass sie damit enden,
dich gefunden zu haben.

Nelly Sachs

3. Ich suchte, den meine Seele liebt

Karl-Ludwig Lange: ohne Titel, 2016, Kohlezeichnung auf Papier, 50 x 35 cm

Persönliche Beobachtungen

4. Meine Schöne, so komm doch!

Hld 2,8-14 7,11-14

2,8-14

8 Horch! Mein Geliebter! Sieh da, er kommt.
Er springt über die Berge, hüpft über die Hügel.
9 Der Gazelle gleicht mein Geliebter, dem jungen Hirsch.
Sieh da, er steht hinter unserer Mauer,
er blickt durch die Fenster, späht durch die Gitter.
10 Mein Geliebter hebt an und spricht zu mir:
Steh auf, meine Freundin, meine Schöne, so komm doch!
11 Denn vorbei ist der Winter, verrauscht der Regen.
12 Die Blumen erscheinen im Land, die Zeit zum Singen ist da.
Die Stimme der Turteltaube ist zu hören in unserem Land.
13 Am Feigenbaum reifen die ersten Früchte, die blühenden Reben duften.
Steh auf, meine Freundin, meine Schöne, so komm doch!
14 Meine Taube in den Felsklüften, im Versteck der Klippe,
dein Gesicht lass mich sehen, deine Stimme hören!
Denn süß ist deine Stimme, lieblich dein Gesicht.

7,11-14

11 Ich gehöre meinem Geliebten und ihn verlangt nach mir.
12 Komm, mein Geliebter, wandern wir auf das Feld, schlafen wir in den Dörfern!
13 Früh wollen wir dann zu den Weinbergen gehen und sehen,
ob der Weinstock treibt, ob die Rebenblüte sich öffnet,
ob die Granatbäume blühen. Dort schenke ich dir meine Liebe.
14 Die Liebesäpfel duften; an unsren Türen warten alle köstlichen Früchte, frische und solche vom Vorjahr; für dich hab ich sie aufgehoben, mein Geliebter.

Vergleichstext

Hos 14,5-8

Ich will ihre Abtrünnigkeit heilen, will sie aus freiem Antrieb lieben. Denn mein Zorn hat sich von ihm abgewandt. Ich werde für Israel sein wie der Tau. Blühen soll es wie die Lilie, und seine Wurzeln schlagen wie der Libanon. Seine Triebe sollen sich ausbreiten, und seine Pracht soll sein wie der Ölbaum und sein Geruch wie der des Libanon. Es kehren zurück, die in seinem Schatten wohnen, sie werden wieder Getreide anbauen und blühen wie ein Weinstock, dessen Ruf wie der Wein vom Libanon ist.

4. Meine Schöne, so komm doch!

Texthinweise

- → **„Horch! Mein Geliebter!“** (2,8), hebr. Qol dodi: „Stimme meines Geliebten“. In Prophetentexten wird die „Stimme von Rufern“ zitiert. In ihr wird die Stimme Gottes hörbar. Die Stimme repräsentiert das von Gott belebte Wesen. Qol dodi ist ein hebräisches Lied zur Hochzeit. Im übertragenen Sinn wird es auf das Kommen des Messias gedeutet.
- → **Über Hügel hüpfen** (2,8): alle Hindernisse überwinden – Lebenskraft nutzen (Ps 18,30: „Mit meinem Gott springe ich über Mauern“).
- → **Gazelle** (2,9): Gazellen sind im Orient oft Symboltiere für Liebesgöttinnen.
- → **Singen** (2,12): Das hebräische Wort bezeichnet normalerweise das Psalm-Singen im Gottesdienst. Es geht um den Lobpreis des Schöpfers.
- → **Feigenbaum und Reben** (2,13): Zeichen des Friedens und der guten Beziehung Israels zu Gott (Sach 3,10). Wie die Fruchtbäume aufblühen, so blüht die Liebe zwischen Menschen und die Liebe Gottes und seines Volkes.
- → **Verlangen** (7,11): Gegenbild zu Gen 3, wo das (unerwiderte) Verlangen der Frau als Schmerz beschrieben wird. Hier kommt eine Ursehnsucht des Menschen zum Ziel.
- → **Liebesäpfel** (7,14) sind Granatäpfel. Neben der Bedeutung als Aphrodisiakum haben sie auch einen kultischen Bezug: 400 Granatäpfel zierten den Tempel (1Kön 7,18). Die Gottesbeziehung wird mit einem Liebessymbol dargestellt.

Textbeobachtung

- → Markieren Sie im Text die verschiedenen Bilder, mit denen der Liebste / die Liebste beschrieben wird.
- → Welche Bewegungen werden beschrieben? Wodurch wird das Statische, die Begrenzung aufgehoben?
- → Welche Naturbilder können zugleich als Bilder für die Liebe verstanden werden?
- → In welcher Situation befinden sich die beiden Liebenden?
- → Wie wird der Ort der Sehnsucht im Text beschrieben?
- → Welche Rolle spielt Zeit? Gibt es eine „richtige“ Zeit?
- → Was bleibt, was verändert sich?
- → Welche Bilder aus dem Hohelied finden sich wieder in der Vision Hoseas?

Karl-Ludwig Lange: ohne Titel, 1993, Kohlezeichnung auf Papier, 49,8 x 35 cm

Zur Meditation

Nicht obwohl, sondern weil das Hohe Lied ein „echtes“, will sagen: ein „weltliches“ Liebeslied war, gerade darum war es ein echtes „geistliches“ Lied der Liebe Gottes zum Menschen. Der Mensch liebt, weil und wie Gott liebt. Seine menschliche Seele ist die von Gott erweckte und geliebte Seele.

Mein Atem geht –
was will er sagen?

Vielleicht:
Schau! Hör! Riech! Schmeck! Greif! Lebe!
Vielleicht:
Gott atmet in dir mehr als du selbst.
Und auch:
In allen Menschen, Tieren, Pflanzen atmet Er
wie in dir.
Und so:
Freude den Sinnen!
Lust den Geschöpfen!
Friede den Seelen!

Persönliche Beobachtungen

5. Alles ist Wonne an dir

Hld 4,1-7   5,9-16

4,1-7

1 Siehe, schön bist du, meine Freundin, siehe, du bist schön.
Hinter dem Schleier deine Augen wie Tauben.
Dein Haar gleicht einer Herde von Ziegen, die herabzieht von Gileads Bergen.
2 Deine Zähne sind wie eine Herde frisch geschorener Schafe,
die aus der Schwemme steigen,
die alle Zwillinge haben, der Jungen beraubt ist keines von ihnen.
3 Wie ein purpurrotes Band sind deine Lippen und dein Mund ist reizend.
Dem Riss eines Granatapfels gleich deine Wange hinter deinem Schleier.
4 Wie der Turm Davids ist dein Hals, in Schichten von Steinen erbaut;
tausend Schilde hängen daran, lauter Waffen von Helden.
5 Deine Brüste sind wie zwei Kitzlein,
die Zwillinge einer Gazelle, die unter Lilien weiden.
6 Wenn der Tag verweht und die Schatten fliehen,
will ich zum Myrrhenberg gehen, zum Weihrauchhügel.
7 Alles an dir ist schön, meine Freundin,
kein Makel haftet dir an.

5,9-16

9 Was hat dein Geliebter den andern voraus, du schönste der Frauen?
Was hat dein Geliebter den andern voraus, dass du uns so beschwörst?
10 Mein Geliebter ist weiß und rot, ausgezeichnet vor Tausenden.
11 Sein Haupt ist reines Gold, seine Locken sind Rispen, rabenschwarz.
12 Seine Augen sind wie Tauben an Wasserbächen,
gebadet in Milch, sitzend am Wasser.
13 Seine Wangen sind wie Balsambeete, darin Gewürzkräuter sprießen,
seine Lippen wie Lilien; sie tropfen von flüssiger Myrrhe
14 Seine Hände sind Rollen aus Gold, mit Steinen aus Tarschisch besetzt.
Sein Leib ist eine Platte aus Elfenbein, mit Saphiren bedeckt.
15 Seine Schenkel sind Säulen aus Marmor, auf Sockel von Feingold gestellt.
Seine Gestalt ist wie der Libanon, erlesen wie Zedern.
16 Sein Gaumen ist Süße, alles ist Wonne an ihm.
Das ist mein Geliebter, ja, das ist mein Freund, ihr Töchter Jerusalems.

5. Alles ist Wonne an dir

Texthinweise

- **Beschreibungslied:** Es handelt sich um eine im Orient verbreitete Form. Menschen oder Götter werden mit Bildern beschrieben. Dabei lassen sich nicht einzelne Bilder den Körperteilen oder Eigenschaften zuweisen. Außerdem muss man sich im Hebräischen die meisten Verben wegdenken, die im Deutschen die Bilder eigentlich zu konkret machen (z.B. in 4,3: Riss eines Granatapfels – deine Wange). Es geht um den Gesamteindruck, der im ersten und letzten Vers zusammengefasst wird.
- **Herde von Ziegen** (4,1): Die fließende Bewegung der Ziegen gleicht der Bewegung des wallenden Haares.
- **Gilead** (4,1): Berglandschaft östlich des Jordan, südlich des Flusses Yarmuk (vom Südende des Sees Gennesaret weiter nach Süden).
- **Rotes Band** (4,3): Eine karmesinrote Schnur hängte Rahab zur Eroberung Jerichos in ihr Fenster – ein Signal der Öffnung und Zustimmung. Rote Stoffe zeugen von Wohlstand und Heiligkeit (Tempelvorhang).
- **Turm mit Schilden** (4,4): Zeichen des Stolzes – sie ist nicht für jeden zu haben, evtl. Hinweis auf glitzernden Halsschmuck.
- **Myrrhe und Weihrauch** (4,6): Andeutung einer geradezu heiligen Atmosphäre.
- **Weiß und rot** (5,10): Andere Übersetzung „schön und stark“.
- **Gold, Elfenbein, Saphire** (5,11+14): Materialien für Götterstatuen, Marmor, Zedern: Material zum Tempelbau – Anspielung auf den Menschen als Ebenbild Gottes, Anbetung als Ausdruck der Liebe.

Textbeobachtung

- Markieren Sie (evtl. mit einem roten Stift) die Textpassage, die Sie am meisten anspricht. Welche Assoziationen löst sie aus?
- Markieren Sie die Textpassage(n) schwarz, die Sie nicht nachvollziehen können oder befremdlich finden. Versuchen Sie, eine Formulierung zu finden, die diese Passage ersetzen könnte.
- Versuchen Sie die einzelnen Bilder des Hoheliedes in Bilder aus Ihrer Lebenswelt zu übersetzen. Wem könnten/möchten Sie so einen Satz gerne sagen oder schenken? Von wem möchten Sie so einen Satz gerne annehmen?
- Welches dieser Worte könnte Gott zu Ihnen sagen?

Karl-Ludwig Lange: ohne Titel, 2016, Kohlezeichnung auf Papier, 50 x 35 cm

5. Alles ist Wonne an dir

Zur Meditation

Schön ist eigentlich alles, was man mit Liebe betrachtet.

Christian Morgenstern, Stufen. Eine Entwicklung in Aphorismen und Tagebuch-Notizen, München 1918.

Spät habe ich dich geliebt, du Schönheit,
so alt und so neu, spät habe ich dich geliebt!
Und siehe, du warst innen,
und ich habe dich draußen gesucht ...
Du warst bei mir,
aber ich war nicht bei dir ...
Du hast gerufen und geschrien
und meine Taubheit durchbrochen;
du hast geblitzt und gestrahlt
und meine Blindheit verscheucht;
du hast deinen Duft verbreitet,
und ich sog den Hauch ein und seufzte nach dir;
ich habe gekostet,
ich hungere und dürste nach dir;
du hast mich berührt,
und ich brenne nach deinem Frieden.

Aurelius Augustinus (354-430)

Persönliche Beobachtungen

6. Berauscht euch an der Liebe

Hld 4,12-5,1 7,7-10

4,12-5,1

12 Ein verschlossener Garten ist meine Schwester Braut,
ein verschlossener Born, ein versiegelter Quell.
13 An deinen Wasserrinnen – ein Granatapfelhain mit köstlichen
Früchten, Hennadolden samt Nardenblüten,
14 Narde, Krokus, Gewürzrohr und Zimt, alle Weihrauchbäume,
Myrrhe und Aloe, allerbester Balsam.
15 Die Quelle des Gartens bist du, ein Brunnen lebendigen Wassers,
das vom Libanon fließt.
16 Nordwind, erwache! Südwind, herbei! Durchweht meinen Garten,
lasst strömen die Balsamdüfte!
Mein Geliebter komme in seinen Garten und esse von seinen köstlichen Früchten!

1 Ich komme in meinen Garten, meine Schwester Braut, ich pflücke
meine Myrrhe samt meinem Balsam, ich esse meine Wabe samt
meinem Honig,
ich trinke meinen Wein samt meiner Milch.
Esst, Freunde, trinkt, berauscht euch an der Liebe!

7,7-10

7 Wie schön bist du und wie reizend, Liebe, Tochter aller Wonnen!
8 Wie eine Palme ist dein Wuchs; deine Brüste sind wie Trauben.
9 Ich sage: Ersteigen will ich die Palme, ich greife nach ihren Rispen.
Wie Trauben am Weinstock seien mir deine Brüste,
wie Apfelduft sei der Duft deines Atems
10 und dein Gaumen wie guter Wein,
der meinem Freund glatt hinuntergeht,
der die Lippen der Schlafenden netzt.

Texthinweise

- **Garten** (4,12): immer positiv besetzt, als Paradies (abgeleitet vom persischen „pardes"), als königlicher Garten, als Bild für eine Heilszeit oder die Vollendung der Welt. Wasserquellen spielen darin eine wichtige Rolle (Jes 58,11). Sie sind Bild für Gott selbst. Der Garten ist Inbegriff von göttlicher Fruchtbarkeit. „Verschlossen" bedeutet, dass die Braut sich nur ihrem Gemahl öffnet.
- **Henna** (4,13): weißblühender Strauch, dessen zerriebene Blätter zum Färben der Haare verwendet werden können. Die Blüten dienen auch als Parfüm.
- **Narde** (4,14): exotische Pflanze, aus der Duftöl und Räucherwerk hergestellt werden können (galt als Aphrodisiakum). Wie die anderen Würz- und Duftpflanzen sind es kostbare Stoffe, die Fülle und Sinnlichkeit ausstrahlen (s. die Salbung Jesu durch Maria in Bethanien, Joh 12). Im Tempel wurden mit solchen Ölen die heiligen Geräte gesalbt.
- **Milch und Wein** (5,1): Die beiden Getränke werden in Heilsprophetien genannt. (Z.B. Jes 55,1 oder Joel 4,18: Die Berge triefen von Wein und die Hügel fließen von Milch über.)

Textbeobachtung

- Welche Bilder werden im Text eingesetzt?
- Welche Liebes-Symbole sind genannt?
- Suchen Sie nach Parallelen und Gegensätzen zwischen der Paradieserzählung in Genesis 3 und dem Hohelied

Zum Bild

- Was sehen Sie auf dem Bild?
- Welche Gedanken kommen Ihnen?
- Welche Gefühle, Empfindungen, Erinnerungen verbinden Sie damit?
- Richtig genieße ich das Leben, wenn ...
- Wann und was haben Sie so richtig genossen?

Karl-Ludwig Lange: ohne Titel, 1987, Kohlezeichnung auf Papier, 50,5 x 36 cm

Zur Meditation

Das Paradies ist Liebe. Jeder Liebende war für kurze Augenblicke im Paradies. Wer aber in der Liebe Gottes lebt, der lebt immer dort. Auch die menschliche Liebe ist ein schwacher Schimmer der Ewigkeit. Man sieht undeutlich die Ewigkeit durch diese Flüchtigkeit hindurchscheinen.

Ernesto Cardenal, Das Buch von der Liebe, Peter Hammer Verlag, Wuppertal 1971, Neuausgabe 2004.

In der Liebe zu bleiben,
bedeutet Einlass zu finden in den Bezirk,
wo alle Dinge eins sind.

Meister Eckhart (1260-1328)

Persönliche Beobachtungen

7. Die Liebe hört niemals auf

1. Korinther 13

1 Wenn ich in den Sprachen der Menschen und Engel redete,
hätte aber die Liebe nicht,
wäre ich dröhnendes Erz oder eine lärmende Pauke.
2 Und wenn ich prophetisch reden könnte
und alle Geheimnisse wüsste und alle Erkenntnis hätte,
wenn ich alle Glaubenskraft besäße
und Berge damit versetzen könnte,
hätte aber die Liebe nicht, wäre ich nichts.
3 Und wenn ich meine ganze Habe verschenkte und wenn ich meinen
Leib opferte, um mich zu rühmen,
hätte aber die Liebe nicht, nützte es mir nichts.

4 Die Liebe ist langmütig, die Liebe ist gütig.
Sie ereifert sich nicht,
sie prahlt nicht, sie bläht sich nicht auf.
5 Sie handelt nicht ungehörig, sucht nicht ihren Vorteil,
lässt sich nicht zum Zorn reizen, trägt das Böse nicht nach.
6 Sie freut sich nicht über das Unrecht,
sondern freut sich an der Wahrheit.

7 Sie erträgt alles, glaubt alles, hofft alles, hält allem stand.
8 Die Liebe hört niemals auf. Prophetisches Reden hat ein Ende,
Zungenrede verstummt, Erkenntnis vergeht.

9 Denn Stückwerk ist unser Erkennen,
Stückwerk unser prophetisches Reden;
10 wenn aber das Vollendete kommt, vergeht alles Stückwerk.
11 Als ich ein Kind war, redete ich wie ein Kind, dachte wie ein Kind und
urteilte wie ein Kind.
Als ich ein Mann wurde, legte ich ab, was Kind an mir war.
12 Jetzt schauen wir in einen Spiegel und sehen nur rätselhafte Umrisse,
dann aber schauen wir von Angesicht zu Angesicht.
Jetzt ist mein Erkennen Stückwerk,
dann aber werde ich durch und durch erkennen,
so wie ich auch durch und durch erkannt worden bin.

13 Für jetzt bleiben Glaube, Hoffnung, Liebe, diese drei;
doch am größten unter ihnen ist die Liebe.

7. Die Liebe hört niemals auf

Texthinweise

- Das **Hohelied der Liebe** ist Teil eines Briefes, den der Apostel Paulus in den 50er-Jahren des 1. Jh.s n.Chr. an die Gemeinde in Korinth schrieb. Er klärt darin grundlegende christliche Haltungen.
- **Sprachen der Engel** (1): Direkt mit Gott reden können.
- **Dröhnendes Erz:** Instrument, das falsch gespielt schrecklich klingt.
- **Prophetisches Reden** ist wie „**Berge versetzen**" (2) die Beschreibung einer unglaublich hohen Kompetenz für jeden Glaubenden.
- **Leib opfern** (3): Totale Hingabe, wenn nötig bis zum Tod. Die Einschränkung dieses christlichen Ideals kommt durch die Absicht: „um mich zu rühmen".
- **Langmütig** (4): Dahinter steht das Wort „geduldig". Es wird in Ex 34,6 von Gott gesagt, der auf ein Strafgericht verzichtet.
- **Spiegel** (12): In der Antike war das entweder eine Metallplatte oder ein dunkler, polierter Stein. Jedenfalls gab er nur ein schemenhaftes Abbild zurück.

Textbeobachtung

- Gliedern Sie den Text und geben Sie jedem Abschnitt eine Überschrift.
- Paulus beschreibt die Liebe.
  - Wo können Sie seiner Beschreibung zustimmen?
  - Wo würden Sie Paulus gerne Rückfragen stellen?
  - Wo fordert Sie der Text zum Widerspruch heraus?
  - Zu V.1: Eine lärmende Pauke, welche Empfindungen löst dieses Bild bei Ihnen aus?
  - Zu V.1-3: Welche Gründe können Ihrer Meinung nach Paulus dazu veranlasst haben, die Liebe den Korinthern gegenüber in eine höhere Kategorie als Weisheit, Prophetie, Glaube und fürsorgliche Hingabe zu stellen?
  - Zu V.6b-7: Lassen sich Liebe und Wahrheit immer vereinbaren?
  - Zu V.8b-11: Was sagt der Vergleich mit dem Kind aus? Braucht eine vollkommene Gemeinschaft mit Gott Prophetie, Weisheit und/oder Liebe?
- Wie kann man den Vergleich mit dem Spiegel im Hinblick auf die Liebe Gottes deuten?
- Welche Eigenschaft macht die Liebe größer als Weisheit, Prophetie, Glaube und Hoffnung?

Karl-Ludwig Lange: „Sehnsuchtsreiches Verlangen“, 2003, Mischtechnik auf Papier, 20 x 15 cm

Zur Meditation

→ Welche Dinge in meinem Leben oder Charaktereigenschaft hindern mich daran, anderen Menschen – sowohl Bekannten als auch Fremden – in Liebe zu begegnen?

→ Diese drei Eigenschaften der Liebe, die 1Kor 13 beschreibt, möchte ich mehr nach außen tragen (Schreiben Sie in den Spiegel):

Abbildung: Public Domain.

→ So stelle ich mir ein ewiges Leben, in dem die Liebe nicht vergeht, vor:

Persönliche Beobachtungen

Liebe – einfach göttlich! Hoheslied 3,1-5

Dr. Emanuel Wieser, München (Baptistische Kirche)
Arbeitsgemeinschaft Christlicher Kirchen (ACK)
Katholisches Bibelwerk e.V., Stuttgart

Eingangslied: Ich will dich lieben, meine Stärke (GL 358; EG 400)

2. Ich will dich lieben, o mein Leben,
als meinen allerbesten Freund;
ich will dich lieben und erheben,
solange mich dein Glanz bescheint;
ich will dich lieben, Gottes Lamm,
als meinen Bräutigam.

4. Ich lief verirrt und war verblendet,
ich suchte dich und fand dich nicht;
ich hatte mich von dir gewendet
und liebte das geschaffne Licht.
Nun aber ist's durch dich geschehn,
dass ich dich hab ersehn.

5. Ich danke dir, du wahre Sonne,
dass mir dein Glanz hat Licht gebracht;
ich danke dir, du Himmelswonne,
dass du mich froh und frei gemacht;
ich danke dir, du güldner Mund,
dass du mich machst gesund.

Text: Johann Scheffler 1657, Melodie: bei Johann Balthasar König 1738.

Psalmgebet

Wie der Hirsch schreit nach frischem Wasser,
so schreit meine Seele, Gott, zu dir.
        Meine Seele dürstet nach Gott, nach dem lebendigen Gott.
        Wann werde ich dahin kommen, dass ich Gottes Angesicht schaue?
Meine Seele verlangt und sehnt sich
nach den Vorhöfen des HERRN;
        mein Leib und Seele freuen sich
        in dem lebendigen Gott.
Wenn ich nur dich habe,
so frage ich nichts nach Himmel und Erde.
        Wenn mir gleich Leib und Seele verschmachtet,
        so bist du doch, Gott, allezeit meines Herzens Trost und mein Teil.

(Ps 42,2-3; Ps 84,3; Ps 73,25-26)

Lied: Gott liebt diese Welt (Gemeindelieder [bapt.] 330; GL 464; EG 409)

2. Gott liebt diese Welt. Er rief sie ins Leben.
Gott ist's, der erhält, was er selbst gegeben.
Gott gehört die Welt!

3. Gott liebt diese Welt. Feuerschein und Wolke
und das heilge Zelt sagen seinem Volke:
Gott ist in der Welt!

4. Gott liebt diese Welt. Ihre Dunkelheiten
hat er selbst erhellt: im Zenit der Zeiten
kam sein Sohn zur Welt!

5. Gott liebt diese Welt. Durch des Sohnes Sterben
hat er uns bestellt zu des Reiches Erben.
Gott erneut die Welt!

6. Gott liebt diese Welt. In den Todesbanden
keine Macht ihn hält, Christus ist erstanden:
Leben für die Welt!

7. Gott liebt diese Welt. Er wird wiederkommen,
wann es ihm gefällt, nicht nur für die Frommen,
nein, für alle Welt!

8. Gott liebt diese Welt, und wir sind sein eigen.
Wohin er uns stellt, sollen wir es zeigen:
Gott liebt diese Welt!

Lied: Wo die Liebe wohnt (GL 445; EG:Ö 645)

Lesung: 1. Kor 13,4–8,13 (s. S. 29)

Lied vor der Predigt: Ich lege mein Herz in dein Herz (mit Bewegungen)

Text nach einem Gebet von David Adam, deutsche Fassung: Yotin Tiewtrakul
Musik: Gregorianische Melodie in der Tradition der Birgittinnen, arrangiert von Hilkka-Liisa Vuori
Satz: Susanne Pertiet

Ich lege mein Herz in dein Herz, o Gott.
Die rechte Hand aufs Herz legen,
die linke offen ausstrecken

Ich lege meinen Willen in deinen Willen, o Gott.
Die rechte Hand auf die Stirn legen,
die linke offen ausstrecken

Ich lege, die ich liebe in deine Liebe, o Gott.
Beide Arme beschreiben eine weite Kreisbewegung von außen nach innen
und werden dann nach vorne mit geöffneten Händen ausgestreckt

Predigt

Gebet

Geliebter – suche mich in dir!

Die Liebe hat in meinem Wesen
dich abgebildet treu und klar:
Kein Maler lässt so wunderbar,
Geliebter, deine Züge lesen.
Hat doch die Liebe dich erkoren
als meines Herzens schönste Zier.
Bist du verirrt, bist du verloren:
Geliebter, suche dich in mir!
In meines Herzens Tiefe
trag' ich dein Porträt, so echt gemalt.
Sähst du, wie es vor Leben strahlt,
verstummte jede bange Frage.
Und wenn dein Sehnen mich nicht findet,
dann such nicht dort und such nicht hier:
Gedenk, was dich im Tiefsten bindet:
Geliebter, suche mich in dir!
Du bist mein Haus und meine Bleibe,
bist meine Heimat für und für:
Ich klopfe stets an deine Tür,
dass dich kein Trachten von mir treibe.
Und meinst du, ich sei fern von hier,
dann ruf mich, und du wirst erfassen,
dass ich dich keinen Schritt verlassen!
Geliebter, suche mich in dir!

Teresa von Avila (1515-1582)

Karl-Ludwig Lange: ohne Titel, 2016,
Kohlezeichnung auf Papier, 50 x 35 cm

Lied zum Abschluss: Wachet auf, ruft uns die Stimme
(Feiern&Loben 287; GL 554; EG 147)

1. »Wachet auf«, ruft uns die Stimme
der Wächter sehr hoch auf der Zinne,
»wach auf, du Stadt Jerusalem!
Mitternacht heißt diese Stunde«;
sie rufen uns mit hellem Munde:
»Wo seid ihr klugen Jungfrauen?
Wohlauf, der Bräut'gam kommt,
steht auf, die Lampen nehmt!
Halleluja!
Macht euch bereit zu der Hochzeit,
ihr müsset ihm entgegengehn!«

2. Zion hört die Wächter singen,
das Herz tut ihr vor Freude springen,
sie wachet und steht eilend auf.
Ihr Freund kommt vom Himmel prächtig,
von Gnaden stark, von Wahrheit mächtig,
ihr Licht wird hell, ihr Stern geht auf.
Nun komm, du werte Kron,
Herr Jesu, Gottes Sohn!
Hosianna!
Wir folgen all zum Freudensaal
und halten mit das Abendmahl.

3. Gloria sei dir gesungen
mit Menschen- und mit Engelzungen,
mit Harfen und mit Zimbeln schön.
Von zwölf Perlen sind die Tore
an deiner Stadt; wir stehn im Chore
der Engel hoch um deinen Thron.
Kein Aug hat je gespürt,
kein Ohr hat mehr gehört
solche Freude.
Des jauchzen wir und singen dir
das Halleluja für und für.

Text und Melodie: Philipp Nicolai 1599.

Segen und Sendung

Kollektenempfehlung

Christen in Syrien und im Libanon kämpfen nicht nur um ihr Leben, sondern brauchen auch Unterstützung für ihren Glauben. Die ökumenische Arbeit der dortigen United Bible Society dient diesem Ziel. Durch Herstellung und Verbreitung von Bibelausgaben und durch Anleitung zum gemeinsamen Lesen der Heiligen Schrift bekommen Menschen geistliche Nahrung, die ihnen hilft, trotz aller Brutalität den Glauben an die Liebe nicht zu verlieren.

Spendenkonto: „Bibel für die Welt"
Liga-Bank: IBAN: DE94750903000006451551, BIC: GENODEF1MO5

Lied zur Bibelwoche

Alles Liebe

Text: Martin Kaminski
Musik: Patrick Mühlhausen

Weitere Materialien

Katharina Wiefel-Jenner
Ich bin dein
Auslegungen zu sieben Abschnitten aus dem Hohelied der Liebe
Gemeindeheft zur 80. Bibelwoche 2017/18
Hrsg. vom Gemeindedienst der Evangelischen Kirche in Mitteldeutschland
in Zusammenarbeit mit der Arbeitsgemeinschaft Missionarische Dienste, Berlin
ca. 32 Seiten; € 0,55 (Staffelpreise)

Auslieferung über:
Gemeindedienst der EKM, Zinzendorfplatz 3, 99192 Neudietendorf,
Fon: 036202 / 7717-90, Fax: 036202 / 7717-98
E-Mail: gemeindedienst@ekmd.de, www.gemeindedienst-ekm.de

Matthias Uhlig
Die Liebe entdecken
Arbeitshilfe mit DVD zum Hohen Lied
Deutsche Bibelgesellschaft in Kooperation mit den Missionarischen Diensten in Baden
kartoniert, 21 x 29,7 cm, ca. 128 Seiten, mit DVD, ISBN 978-3-438-06747-0,
Art.-Nr.: 6747, ca. € 12,95, Mengenrabatt

Ab 25.09.2017 zu beziehen bei:
Amt für Missionarische Dienste, Blumenstraße 1-7, 76133 Karlsruhe
Fax: 0721 / 9175-25311, E-Mail: amd@ekiba.de, www.ekiba.de/amd
Bibellesebund e.V., Postfach 31 01 22, 51616 Gummersbach
Fax: 02261 / 54 95 8-39, E-Mail: info@bibellesebund.de, www.bibellesebund.de

Bibel aktuell 148 (2017)
Das Hohe Lied der Liebe
Impulse für lebensbezogene Bibelarbeit
Hrsg. vom Amt für missionarische Dienste der Evangelischen
Landeskirche in Württemberg
21 x 29,7 cm, € 6,00 zzgl. Versandkosten

Hld 1,2-4; 6,8-10; 8,6-7 – Lobpreis der Liebe (Markus Hoffmann)
Hld 1,5-8; 3,1-5; 5,2-8 – Suchen und Finden (Katja u. Stephan Stöhr)
Hld 2,8-14; 7,11-14 – Zeit der Liebe (Siegfried Lehmpfuhl)
Hld 4,1-7; 5,9-16 (7,1-6) – Einander beschreiben (Matthias Burhenne)
Hld 1,1; 3,6-11; 8,11-12 – Singt Salomo Liebeslieder (Martin Leupold)
Hld 4, (9-11) 12-5,1; 7,7-8 – Mit allen Sinnen genießen (Susanne u. Marcus Mockler)
1. Kor 13,1-13 – Und hätte der Liebe nicht (Karl-Heinz Essig)

Zu beziehen bei:
Amt für missionarische Dienste, Grüninger Str. 25, 70599 Stuttgart,
Fon: 0711 / 45804-9402, Fax: 0711 / 45804-9407,
E-Mail: Dagmar.Loncaric@elk-wue.de / Markus.Munzinger@elk-wue.de

Zur Bibelwoche 2017/2018 ebenfalls erschienen:

Zwischen dir und mir
Arbeitsbuch
ISBN 978-3-7615-6414-1

Deine Küsse sind köstlicher als Wein
Der Gemeinde zur Bibelwoche
ISBN 978-3-7615-6416-5